Voyage de

M. le Président

de la République

DANS LE SUD-EST

Août 1897

EN DAUPHINÉ

Le président de la République, venant du Havre, est arrivé à Paris le 31 juillet à 11 heures 30 du matin. Il en est reparti le soir même pour accomplir son voyage dans le Sud-Est.

A la gare de Lyon, dont la façade était brillamment illuminée, le président de la République est reçu par MM. Noblemaire, directeur de la Compagnie P.-L.-M., Berquet, chef adjoint de l'exploitation, Baudry, chef de la traction, Denis, ingénieur en chef de la voie, Ruelle, inspecteur de l'exploitation, de Lamolère, inspecteur principal, chargé, comme pour les voyages précédents, de la direction du train. Tous accompagnent le chef de l'État pendant le voyage. M. Picard, chef de l'exploitation, s'est rendu directement à Orange.

Valence. — Les enfants des écoles.

Dans le wagon du président, prennent place MM. Darlan, ministre de la justice, Rambaud, ministre de l'instruction publique, Boucher, ministre du commerce et de l'industrie, et M. Roujon, directeur des beaux-arts, ainsi que le général Hagron, secrétaire général de la présidence, M. Le Gall, directeur du cabinet, le lieutenant-colonel Ménétrez, les commandants Bourgois et Legrand. Les commandants Serpette et Humbert, M. Blondel, chef du secrétariat particulier, restent à Paris pour assurer le service de la présidence.

A dix heures cinq, le signal du départ est donné et le train se met lentement en marche, pendant que de nombreux curieux, rangés sur les quais de la gare, crient à plusieurs reprises : Vive la République ! Vive Félix Faure !

Valence.
A l'inauguration du monument Bancel.

PREMIÈRE JOURNÉE

VALENCE

La jolie ville de Valence, choisie comme

Valence. — A l'inauguration
du monument Bancel, les discours.

tête d'étape pour la longue promenade que le président de la République va faire à travers le Dauphiné et la Savoie, offre depuis vingt-quatre heures une animation inaccoutumée.

Les félibres l'ont déjà envahie, et vous savez que les félibres ont la gaieté communicative.

Les Valentinois et les populations rurales accourues de toutes parts se sont mis tout de suite à l'unisson, de sorte que la fête a commencé bien avant l'arrivée du chef de l'État et des personnages officiels.

Ce matin, dès le lever du soleil, les rues sont sillonnées par la foule des curieux en quête d'une place d'où ils puissent voir défiler le cortège.

Entre temps, nous faisons la connaissance d'une douzaine de braves agriculteurs originaires d'un village voisin qu'on appelle Roche-sur-Grane et qui jouissent d'une véritable célébrité dans la contrée en jouant la comédie. Cette troupe, où tous les emplois sont tenus par des paysans authentiques maniant toute la journée la charrue ou la bêche, ne manque pas d'originalité. Les acteurs s'expriment naturellement dans leur idiome local et représentent des scènes qui leur sont fournies par un poète du cru, **M. Amauric**.

Voilà une concurrence que les pensionnaires du Théâtre-Français ne s'attendaient peut-être pas à rencontrer ici.

ARRIVÉE DU PRÉSIDENT

Comme d'ordinaire, c'est sur le quai de la gare que les autorités se réunissent pour attendre le chef de l'État.

Autour du préfet de la Drôme, M. Lardin de Musset, et du maire de Valence, M. Chalamet, se groupent MM. Loubet, président du Sénat, et ses collègues, MM. Bérenger, Perreau, Laurans, les députés du département, MM. Maurice Faure, Gras, Blanc, Bizarelli, Boissy d'Anglas, les généraux Zédé et Faure-Biguet, MM. Bertrand, procureur général, Crozier, directeur du protocole, qu'accompagnent le baron de Roujoux, MM. Sextius Michel, Marieton, d'Indy, Ch. Read, Roujon, directeur des beaux-arts, etc., etc.

Valence. — A l'inauguration
du monument Bancel, les discours.

A neuf heures précises, tandis que le canon tonne et que la sonnerie aux champs retentit, le train présidentiel entre en gare. M. Félix Faure, suivi de MM. Darlan, Rambaud, Boucher, du général Hagron, de M. Le Gall et des officiers de sa maison militaire, pénètre immédiatement dans le salon d'honneur. M. le maire de Valence lui souhaite la bienvenue et lui présente son conseil municipal avec le cérémonial habituel. Le chef de l'État remet ensuite, dans la cour extérieure, la croix d'officier de la Légion d'honneur au colonel Roswag du 6ᵉ d'artillerie, puis le président monte dans son landau et le cortège se dirige vers la préfecture. Sur tout le parcours les applaudissements et les acclamations se suivent et se multiplient; les cris de : « Vive Félix Faure ! vive la République ! » ne cessent pas un instant. L'accueil fait au chef de l'État par la population valentinoise est des plus chaleureux.

Les réceptions des autorités commencent quelques instants après l'arrivée du cortège à la préfecture.

M. Loubet, en présentant les membres du conseil général, dit :

Valence.
Monument Bancel.

Dans quelques jours, vous allez quitter la France et rendre à Leurs Majestés l'empereur et l'impératrice de Russie la visite qu'Elles ont faite à la République française. Nos cœurs vous accompagneront, et lorsque vous serez salué par les acclamations de la Russie entière, nos cœurs battront à l'unisson du vôtre, car nous savons que de cette visite, il ne peut sortir que la continuation et la perpétuité des relations amicales qui existent entre les deux grands peuples et qui constituent la sécurité pour notre pays et la plus sûre garantie pour la paix du monde.

Le président de la République remercie M. Loubet de lui avoir apporté l'affirmation des sentiments républicains des conseillers généraux de la Drôme.

Vous venez, ajoute-t-il, de faire allusion au voyage que je vais entreprendre au nom de la nation. Vous pouvez être sûr que, se sentant soutenu par les sentiments patriotiques dont vous venez de vous faire l'interprète, le président de la République trouvera sa tâche plus facile dans l'accomplissement de la mission qu'il va remplir.

En l'absence de l'évêque,

Valence.
Monument Émile Augier.

Valence. — Sur le passage du Président.

le vicaire général, M. Chosson, présente le clergé.

Le maire, M. Chalamet, dit que « le corps municipal, issu du suffrage de tous les républicains sans distinction, se réclame des grands principes de la Révolution française, et qu'il en veut l'application à la fois sage et progressive ».

Sa nomination au grade de chevalier de la Légion d'honneur est applaudie par tous les conseillers.

Le président du tribunal civil salue en M. Félix Faure l'homme éminent qui remplit, avec tant de prudence, tant de sagesse et une aussi grande dignité, la plus haute fonction de l'Etat. Nous savons, ajoute-t-il, tout ce que la patrie y gagne en sécurité et en honneur.

Le général Servat-Delisle présente les officiers de la garnison.

« Les vœux de l'armée, dit-il, suivent le chef de l'Etat dans le grand voyage qu'il va entreprendre. »

Le préfet, M. Lardin de Musset, en présentant les maires, constate leur grand nombre. Il rappelle combien leurs ancêtres ont lutté pour leur foi et même souffert pour le droit et la liberté; c'est dire, ajoute-t-il, que la République peut compter sur eux.

M. Félix Faure remercie les maires et les prie d'être les interprètes des sentiments de justice, de liberté et de progrès qui animent le gouvernement de la République.

LE PREMIER BANQUET

Notre première journée de voyage compte deux banquets. Celui qui vient

Valence. — Embarquement pour la descente du Rhône.

de se terminer nous a valu un excellent discours de M. Chambaud, président de la chambre de commerce, adjoint au maire de Valence, qui s'est fait l'interprète de ses concitoyens pour exprimer au président de la République leurs sentiments de respectueuse sympathie.

M. Chambaud n'a pas manqué de soumettre en même temps aux membres du gouvernement les *desiderata* des commerçants de la région, c'est-à-dire l'élargissement du pont sur le Rhône et la création du canal reliant le fleuve à Marseille.

Dans une réponse pleine d'à-propos qu'on trouvera plus loin et qui a été interrompue par les applaudissements répétés de tous ses auditeurs, le président de la République a déclaré qu'il était personnellement en communauté d'idées avec le président de la chambre de commerce. Dans une péroraison éloquente, M. Félix Faure a engagé les négociants valentinois à favoriser le développement de notre commerce extérieur en envoyant leurs enfants à l'étranger et dans nos colonies pour lutter contre la concurrence des autres nations.

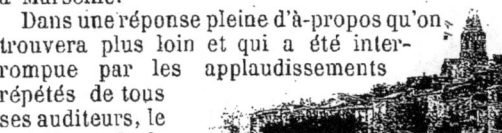

De Valence à Port-d'Auriac, les rives du Rhône.

A une heure et demie le président et les ministres regagnent la préfecture, toujours acclamés par la population.

BANCEL ET ÉMILE AUGIER

Dans les villes que le président de la République visite au cours de ses voyages, il est de tradition d'inaugurer un monument ou une statue. Valence, qui fait bien les choses, a résolu de glorifier en même temps deux de ses enfants qui s'illustrèrent de façon très différente : Bancel et Emile Augier. Bancel, le tribun magnifique, l'orateur enflammé de l'Assemblée nationale en 1849, l'élu de Paris et de Lyon qui, suivant sa propre expression, « laissait son cœur à Valence »; Augier, l'auteur dramatique puissant, le vigoureux apôtre du bon sens, le père de l'*Aventurière*, du *Gendre de M. Poirier* et de quelques autres œuvres du répertoire de la Comédie-Française.

La statue de Ban-

De Valence à Port-d'Auriac, les rives du Rhône.

Le théâtre d'Orange.

cel est due au ciseau du sculpteur Amy. Le monument d'Augier a été modelé par Mme la duchesse d'Uzès.

La figure du représentant à l'Assemblée nationale a été rendue par l'artiste avec beaucoup de hardiesse et de vivacité. Bancel est représenté debout en costume de voyage, haranguant ses concitoyens, la tête nue, le regard enflammé. Il brandit une canne, tandis que le mistral soulève le manteau.

Quoique félibre et par conséquent nourri de l'art grec, M. Amy n'est sans doute pas partisan des attitudes figées et des poses hiératiques.

Sous un soleil ardent, par une chaleur tropicale, l'inauguration de la statue de Bancel s'effectue au milieu d'un concours immense de curieux et en présence du chef de l'Etat. Trois discours éloquents de M. Chalamet, maire de Valence, de MM. Albert Tournier et Maurice Faure, une ode à Bancel dite avec beaucoup d'expression par Mme Léa Maujan, sont successivement écoutés et applaudis par la foule, puis le cortège gagne l'avenue de la République, et c'est main-

A Grenoble.

A Grenoble.
Devant le musée.

tenant le tour d'Emile Augier.
La cérémonie s'ouvre par une cantate de circonstance, paroles et musique de M. Vincent d'Indy, exécutée par l'orchestre et l'Union chorale de Valence, puis commence la série des discours. M. Casimir Genest, président du comité, remet le monument à la ville qui l'accepte par l'organe de son excellent maire, M. Chalamet, et nous entendons encore MM. Jules Claretie, au nom de l'Académie française, Benjamin Constant, président de la Cigale, Louis Gallet, félibre, qui glorifient l'auteur de l'*Aventurière* en prose et en vers.

A l'issue de la cérémonie, le chef de l'Etat, que la foule ne se lasse pas d'acclamer, rentre à la préfecture, accompagné par les ministres et les personnages officiels.

Le second banquet de la journée, offert cette fois par la municipalité, est donné à sept heures dans le manège du 1er hussards.

LE BANQUET MUNICIPAL

Dans le vaste hall du quartier de cavalerie orné de drapeaux et d'écussons tricolores, quatre cents couverts ont été dressés sur dix tables parallèles aboutissant à une table d'honneur.

Au dessert, M. Chalamet, maire de Valence, porte un toast très applaudi au chef de l'Etat. M. Félix Faure répond en quelques mots heureux qui soulèvent l'enthousiasme des convives.

En terminant, il boit au passé du Dauphiné à son présent dans la foi républicaine et à son avenir qui est lié à ses progrès dans la voie démocratique.

Les fêtes valentinoises finissent ce soir avec des illuminations, un feu d'artifice et une soirée de gala au Grand Théâtre.

DEUXIÈME JOURNÉE

Nous quittons Valence à huit heures. Le président de la Répu-

A Grenoble.

blique, les ministres, les personnages officiels prennent passage à bord d'un remorqueur orné de tentures de velours rehaussé d'or. Le bateau suivant est réservé à la presse ; puis un troisième vapeur part chargé de félibres ; enfin une quatrième embarcation se joint au cortège.

A Grenoble.

La flotille présidentielle se met en route, saluée par les longues acclamations de la foule qui couvre les berges du fleuve. Le tableau que nous avons sous les yeux, inondé par la grande lumière du soleil méridional, est admirable. A notre droite, les collines du Vivarais dessinent dans le ciel bleu leurs molles ondulations. Sur la rive gauche s'étendent de vertes prairies, de gras pâturages sur lesquels frissonne le feuillage argenté des peupliers et des saules. Il fait un temps superbe, juste assez de mistral pour tempérer l'ardeur du soleil. La journée s'annonce splendide.

*

* *

Nous voilà partis. Le paysage se déroule alors comme un diorama mobile et changeant, faisant passer devant nos yeux éblouis une infinie variété de tableaux enchanteurs.

Nous nous contentons, vous le pensez bien, de les admirer sans songer à les décrire. Tout au plus, dans ces notes rapides, pourrions-nous relever le nom des villes coquettes et des villages pittoresques qui émaillent la route.

Neuf heures. Nous passons devant la Voulte dont les maisons étagées sur la rive droite sont dominées par un ensemble de constructions féodales : vieille église, tour du beffroi, citadelle, monastère du plus curieux effet. Changement de décor : c'est maintenant le Pouzin, centre industriel important, dont les cheminées et les hauts-fourneaux semblent sortir du fleuve même. Nous marchons toujours ; voici des villages : Baix, Saulce, Mirmande, dont les populations nous acclament chaleureusement pendant que des bombardes éclatent et que la musique locale

Termignon.

joue la *Marseillaise* ; plus loin nous apercevons les ruines majestueuses de l'ancienne abbaye de Cruas. C'est ensuite la vieille forteresse de Rochemaure qui attire et retient nos regards.

Dix heures. Voici le Teil et son clocher pointu, qui fait face à Montélimar, la ville du fameux nougat. On nous montre encore Viviers, le siège épiscopal de l'Ardèche, dont nous admirons la cathédrale qui date du treizième siècle, et nous entrons dans le célèbre défilé de Donzère. De véritables falaises dentelées, déchiquetées et abruptes encaissent le fleuve à cet endroit dont l'aspect est d'une sauvage grandeur.

A onze heures, le clocher de Bourg-Saint-Andéol se profile à l'horizon ; nous faisons escale dans cette jolie ville, où le président de la République est reçu avec un enthousiasme délirant. N'oublions pas que nous sommes maintenant en plein Midi.

Termignon.

Après le vin d'honneur offert au président par la municipalité de Bourg-Saint-Andéol, nous repartons. Même variété de paysages, même féerie jusqu'à Pont-Saint-Esprit, vieille ville romantique, dont les remparts crénelés devaient abriter au moyen âge de rudes et vaillants corsaires.

Par malheur, entre Pont-Saint-Esprit et Orange, ce n'est plus le paysage qui change, c'est le temps. Quel guignon ! Pour une fois que nous venons dans le Midi, où il n'a pas plu depuis plusieurs mois, nous n'avons vraiment pas de chance.

Un orage épouvantable, tonnerre, éclairs, pluie diluvienne, éclate et se prolonge jusqu'à Port-d'Auriac, où nous débarquons trempés, rincés, lamentables, dans notre tenue d'hommes du monde allant en soirée, nos habits tordus, nos plastrons fripés, nos cravates blanches roulées en corde autour de nos fauxcols informes.

Nous pénétrons à Orange crottés jusqu'au milieu du dos, une heure après l'arrivée du chef de l'État.

Le cortège présidentiel quitte Termignon pour se rendre au Replat des Canons.

Mais nous devons remercier la Compagnie générale de navigation du Havre à Lyon et à Marseille, représentée par ses administrateurs, MM. Bonnardel et Perier du Féral, pour toutes les prévenances dont elle nous a comblés pendant la traversée à bord de ses bateaux.

L'entrée du président de la République à Orange fut triomphale ; tout le monde nous le dit et nous le croyons très volontiers. La population est unanime pour manifester au chef de l'État ses sentiments de respect et de reconnaissance, et c'est du fond du cœur qu'elle l'a acclamé ainsi que les ministres.

M. Félix Faure a, d'ailleurs, un nouveau mérite à ses yeux depuis ce matin : on l'a naturalisé méridional en le nommant Cigalier honoraire. MM. Darlan, Rambaud et Boucher partagent cette faveur avec lui. Au cours des réceptions à la sous-préfecture, monseigneur Lesueur, archevêque d'Avignon, a été décoré.

De Termignon au Replat des Canons.

Le chef de l'État remet également la croix de chevalier de la Légion d'honneur à MM. Capty, maire d'Orange, et Bedoin, président du conseil d'arrondissement.

M. Félix Faure visite ensuite les monuments et établissements publics d'Orange.

Il a offert, à sept heures, un dîner intime à la sous-préfecture et assisté ensuite à la représentation donnée au Théâtre romain.

AU THÉÂTRE ANTIQUE

La visite du président de la République à Orange devant être la consécration officielle du Théâtre romain, on comprend avec quel empressement nous avons pris place dans l'immense amphithéâtre où 12,000 spectateurs trouvent aisément à se caser.

Nous n'avons pas la prétention de découvrir cette merveille, mais nous affirmons que l'aspect d'une pareille foule tapissant le flanc d'une montagne et formant une sorte de gigantesque muraille humaine est tout ce qu'on peut imaginer de plus étonnant.

Quand le président de la République pénètre

Arrivée au Replat des Canons.

dans sa loge, l'orchestre joue la *Marseillaise* et l'*Hymne russe* qu'on écoute debout ; puis une colossale acclamation retentit : c'est comme un roulement de tonnerre, un bruit de marée qui monte et se répercute jusqu'aux derniers gradins avec un fracas titanique.

Départ pour la manœuvre.

Chose curieuse, le calme succède à la tempête avec une égale rapidité. Un silence prodigieux s'établit et la voix sonore des bons diseurs de la Comédie-Française vibre seule dans l'air. C'est le prologue de M. Louis Gallet que la troupe de la rue Richelieu interprète d'abord ; puis les farouches *Erinnyes* viennent clamer leurs imprécations éloquentes si noblement traduites par le grand poète Leconte de Lisle et que la foule souligne de ses applaudissements.

Du prologue de M. Gallet nous ne louerons que les bonnes intentions ; c'est une pièce de circonstance, exécutée sur commande, qui nous permet d'entendre la France, un drapeau tricolore à la main, dialoguant successivement avec Apollon, la Muse, un Faune et une Cigale, sans oublier les chœurs.

Quant à la tragédie classique, que rajeunit la musique de Massenet, elle est vraiment trop connue pour que nous y insistions ; il nous suffira de constater le succès qu'elle a obtenu. Mounet-Sully et ses camarades ont été, comme toujours, admirables.

Le président de la République quittera Orange demain matin à sept heures et demie pour se rendre à Grenoble.

TROISIÈME JOURNÉE

La plus grande partie de la journée qui commence se passera en chemin de fer. Pour aller d'Orange à Grenoble, le train présidentiel va faire en effet deux petits crochets et quelques zigzags. Il se rendra d'abord à Pierrelatte puis à Nyons ; puis il reviendra à Pierrelatte, en s'arrêtant un peu partout, mais pas très longtemps, par exemple, car la caractéristique de nos voyages, c'est d'être toujours pressés. Aussi, à sept heures du matin, nous nous retrouvions tous à la gare : ministres, députés, journalistes, comédiens. Il ne manque que les félibres,

En route pour la manœuvre.

qui vont continuer leurs fêtes dans une autre direction. En attendant le Président, la conversation s'engage, et naturellement c'est la représentation d'hier qui en fait les frais. Tout le monde s'accorde pour proclamer admirable le spectacle, puis on félicite Silvain, qui porte au revers de l'habit, avec un large ruban rouge, la croix que M. Rambaud lui a apportée pendant un entr'acte dans sa loge. A sept heures et demie, sonnerie aux champs, *Marseillaise*, canon. M. Félix Faure, acclamé vigoureusement, monte dans son wagon, et deux minutes plus tard nous sommes en route.

Huit heures. Cinq minutes d'arrêt à Pierrelatte. Toute la population réunie à la gare acclame le président et les ministres ; une musique joue la *Marseillaise*. Les enfants des écoles crient : « Vive Faure ! » Le maire, M. Taillade, présente son conseil municipal au chef de l'Etat.

Nous repartons. Maintenant le train présidentiel s'engage sur une ligne toute neuve. L'aimable M. de Lamolère, inspecteur général du mouvement à la compagnie P.-L.-M., nous apprend qu'elle est ouverte depuis le 25 juillet seulement. Elle nous conduit à Nyons où nous arrivons à dix heures, après un arrêt à Valréas.

En route pour la manœuvre.

Brillante réception à la gare. Le maire de Nyons, le docteur Laurens, sénateur, souhaite la bienvenue au chef de l'Etat et le remercie d'avoir bien voulu accepter l'invitation de la municipalité. C'est certainement une grande faveur accordée par M. Félix Faure aux populations de cette contrée difficilement accessible. Il ne la regrette pas, nous en sommes sûrs, car en outre de l'accueil chaleureux qu'on lui fait, cela lui fournit l'occasion de visiter une très jolie petite ville fort bien située au fond d'un vallon creusé dans les premiers contreforts des Alpes dauphinoises.

Le président ne peut rester qu'une heure à Nyons, mais une heure bien employée en vaut deux. Il reçoit les fonctionnaires à la sous-préfecture, distribue un certain nombre de palmes académiques, notamment à M. Thier, adjoint ; puis il se rend à l'Hôtel de Ville où la municipalité lui offre un lunch, et avant de partir, il trouve encore le temps d'aller voir une manufacture.

La remise des décorations à 2,300 mètres d'altitude.

ARRIVÉE A GRENOBLE

Retour de la manœuvre.

Nous arrivons à Grenoble avec une heure de retard, les arrêts à Romans et Saint-Marcellin n'étant pas prévus au programme. Malgré notre hâte à nous trouver ici, nous ne nous en plaignons pas, car nous avons eu ainsi plus de temps pour admirer la verdoyante vallée de l'Isère, que les Alpes dominent si majestueusement. Enfin nous voici dans la belle capitale du Dauphiné.

Le président de la République, on le pense bien, y est reçu avec toute la solennité que peut déployer une ville de cette importance. Sur le quai de la gare, à côté du maire de Grenoble, M. Stéphane Jay, se trouve le général Billot, ministre de la guerre, qu'accompagne le colonel Thévenet, le commandant Peslin, le capitaine Nourrisson, ses officiers d'ordonnance.

Le général Faure-Bignet commandant de la 14e division, et le préfet M de Luze, sont présents.

Toutes les autorités civiles et militaires, les députés et sénateurs du département, les conseillers généraux et municipaux les entourent.

En souhaitant la bienvenue au chef de l'Etat, le maire rappelle le souvenir de la révolution dauphinoise dont on inaugurera demain le monument commémoratif ; il ajoute « que ses concitoyens ont au cœur le plus sincère amour de la République que le président Félix Faure représente si dignement ».

Après avoir répondu au maire quelques mots aimables, le président remet dans la cour de la gare les décorations aux officiers et soldats nouvellement promus.

Il donne la croix de la Légion d'honneur à M. Cartaut, ingénieur de la voie, ainsi que plusieurs médailles à des agents de la Compagnie P.-L.-M.

LE CORTÈGE

Le cortège officiel se forme ensuite pour se rendre à la préfecture. Dans le landau présidentiel prennent place le général Billot, le maire de Grenoble et le général Hagron ; dans les voitures suivantes

Au Replat des Canons.

En route pour a Petite Turra.

montent les ministres de la justice, du commerce et de l'instruction publique, MM. Darlan, Boucher et Rambaud. L'escorte est formée par des dragons-lanciers ; les autres troupes de la garnison forment la haie.

Sur le parcours, avenue Alsace-Lorraine, place Victor-Hugo, boulevard de Bonne, rue Lesdiguières, une foule compacte, qui se presse sur les trottoirs, les balcons, aux fenêtres et jusque sur les toits des maisons, acclame le chef de l'Etat et applaudit tour à tour.

Toutes les rues sont gaiement pavoisées et tendues de banderoles tricolores. De loin en loin, nous passons sous des arcs de triomphe d'un aspect somptueux. Un pylône militaire, élevé à un carrefour, produit un très joli effet.

Le Président, toujours accompagné par les cris répétés de : « Vive la République! vive Félix Faure! » descend à la préfecture où la réception des autorités commence aussitôt.

A LA PRÉFECTURE

La réception des autorités a commencé une demi-heure après l'entrée dans la préfecture. Voici la liste des décorations distribuées à cette occasion. Sont nommés chevaliers de la Légion d'honneur :

MM. Eymard, conseiller municipal de Grenoble, Armand, vice-président de la chambre de commerce, de la Brosse, ingénieur des ponts et chaussées. M. Félix Faure remet en outre un certain nombre de palmes et de médailles.

Plusieurs discours ont été prononcés : par Mgr Fava, qui présente le clergé; par M. Legris, premier président, au nom de la magistrature; par M. Antonin Dubost, sénateur, et M. Zoller, recteur de l'Académie.

A la Petite Turra (2,500 mètres), les hiverneurs.

A la Petite Turra en face du Mont Cenis.

Enfin, le général Faure-Biguet a présenté au Président les officiers de la garnison de Grenoble.

A chacun d'eux M. Félix Faure a répondu aimablement et en quelques mots. Il a particulièrement félicité les officiers alpins et leur a dit avec quel intérêt il allait suivre en Maurienne les manœuvres qui se préparent.

LA SOIRÉE

Le président de la République, les ministres et les personnages officiels ont assisté au banquet offert par la chambre de commerce de Grenoble, au préau de la rue Lesdiguières.

Après dîner, le président de la République se rend au bal offert par Mme de Luze et le préfet de l'Isère. Fête brillante, foule élégante, toilettes exquises.

Le Président, donnant le bras à Mme de Luze, a fait le tour des salons au milieu d'une double haie d'invités qui s'inclinaient respectueusement sur son passage.

A onzes heures, M. Félix Faure est rentré dans ses appartements et nous avons eu la permission d'aller nous coucher, enfin !

QUATRIÈME JOURNÉE

Une nuit dans un bon lit, un excellent bain au réveil, il n'en faut pas davantage pour remettre d'aplomb les voyageurs supérieurement entraînés que nous sommes devenus.

Ce matin dans le jardin de la préfecture, à la petite parlotte intime qui précède le départ du cortège, tout le monde a bonne mine, l'air souriant, le regard clair, et les poignées de mains, les compliments qu'on échange expriment nettement la satisfaction générale.

Le général Billot, ministre de la guerre, et son officier d'ordonnance, l'aimable colonel Thévenet, nous entretiennent des manœuvres alpines que nous commencerons à suivre demain.

Le général Hagron, le colonel Ménétrez, les

Le général Pouza di San Martino et le lieutenant-colonel Ménétrez.

commandants Bourgois et Legrand, de la maison militaire, sont descendus. On n'attend plus que le chef de l'État, qui ne tarde pas à paraître et qui très simplement se mêle aux divers groupes, s'informant de la santé de chacun de nous, trouvant pour tous une parole aimable.

Huit heures sonnent. M. Félix Faure monte en voiture; la petite fête va commencer.

TROIS INAUGURATIONS

Valence nous avait offert déjà le spectacle d'une double inauguration; à Grenoble on en a mis trois sur le programme pour la seule matinée d'aujourd'hui, et nous ne désespérons pas de voir ce chiffre dépassé dans une autre ville.

Au plateau de Sardières, télégraphie optique.

Pour se rendre de la préfecture à la place Notre-Dame, où s'élève le monument des États du Dauphiné, qu'on inaugure d'abord, le cortège officiel suit les rues Lesdiguières, Joseph-Chanrion, des Trois-Cloitres, dans lesquelles la foule se presse en masses compactes.

Sur le passage du président de la République et des ministres retentissent de vibrantes acclamations, et quand le chef de l'État prend place dans sa tribune les cris de : « Vive Félix Faure! vive la République! vive l'armée! » reprennent avec la même énergie.

La cérémonie commence par la *Marseillaise*, qu'une musique exécute pendant que tombe le voile du monument.

L'œuvre du sculpteur grenoblois Henry Ding se compose d'un très beau groupe en marbre qui nous montre des représentants du tiers, de la noblesse et du clergé la main droite tendue et jurant de s'unir pour la défense de la liberté.

Le tout repose sur une fontaine et une vasque circulaire qui reçoit l'eau projetée par des chimères et des tritons de bronze; l'ensemble est très harmonieux.

C'est le maire de Grenoble, M. Stéphane Jay, qui prend le premier la parole pour faire l'historique des événements que l'œuvre de M. Ding symbolise.

On sait qu'un an avant la réunion des États généraux, les États du Dauphiné, réunis à Vizille, proclamèrent

Au plateau de Sardières pendant la manœuvre.

l'union des trois ordres et la nécessité de donner à la France entière une Constitution libérale. C'était le serment du jeu de Paume anticipé, puisque ceci se passait en 1788.

Barnave et Mounier étaient à la tête du mouvement d'où la Révolution française devait sortir. Leurs descendants assistent aujourd'hui au triomphe et à la glorification de leurs idées émancipatrices. Pendant que le maire continue de parler, on me montre dans la tribune d'honneur, réunis comme autrefois leurs ancêtres, l'abbé Barnave, marquis de Jouffray, l'abbé de Chabons, le capitaine marquis de Marcieu, MM. Mounier, de Linage, Chanrion, Royer, de Loches, Pascal, etc., etc., petits-fils ou petits-neveux des premiers constituants.

En manœuvre.

Le président de la République a demandé qu'ils lui fussent présentés. Il leur a adressé une petite allocution. « La France du dix-neuvième siècle, leur a-t-il dit, est sortie d'une union fraternelle et féconde ; la France du vingtième siècle compte sur cette union pour la faire grande, forte et respectée. Le président de la République est heureux de vous saluer au nom du pays. »

Après le maire, M. Aristide Rey, député, prononce un second discours, puis un artiste grenoblois, M. Brunet, dit avec chaleur des vers de M. Arnaud, substitut du procureur de la République. M. Émile Trolliet, au nom des Sociétés dauphinoises de Paris le « Gratin » et les « Enfants de l'Isère », lit ensuite un très beau poème de sa composition, intitulé : *Fraternité!* M. Émile Trolliet est vigoureusement applaudi. Le président de la République le félicite, ainsi que M. Arnaud.

La cérémonie est terminée et le cortège se rend au Palais de Justice. C'est l'ancien palais du Parlement et de la Cour des comptes du Dauphiné ; on l'a restauré récemment et c'est ce travail que doit consacrer le chef de l'État. Accompagné par le garde des sceaux et par M. Legrix, premier président, M. Félix Faure visite le palais, dont on lui fait admirer les mérites historiques. Dans la salle d'honneur, M. Legrix prononce un long discours, puis il remet au président de la République un exemplaire de l'ouvrage publié par MM. Reymond et Giraud sur le monument.

L'inauguration de l'université de Grenoble constitue la troisième cérémonie de la matinée. Un bon discours du recteur, M. Zeller, une adresse lue par M. Raoul, doyen de la Faculté des sciences, ont été très applaudis.

Les étudiants grenoblois, après avoir battu plusieurs bans en l'honneur du président de la République, lui ont fait une ovation chaleureuse lorsqu'il leur a déclaré vouloir être membre d'honneur de leur association.

En manœuvre.

Au cours de l'après-midi le président de la République reçoit à la préfecture les maires et les instituteurs du département. Il remet, à cette occasion, la croix de chevalier de la Légion d'honneur à M. Chion-Ducollet, le maire de La Mure.

Puis, comme il le fait dans toutes les villes que nous traversons, il se rend aux hôpitaux, dont il visite scrupuleusement tous les services.

Il a remis, à l'hôpital civil, la croix de chevalier de la Légion d'honneur à M. le docteur Berthollet.

Le programme des fêtes grenobloises n'est pas épuisé; il comporte encore des réjouissances nautiques, vélocipédiques, gymnastiques et musicales. Le Président ne peut, naturellement, y assister. Elles n'en sont pas moins brillantes.

M. Félix Faure offre, ce soir, un dîner intime aux ministres et à quelques invités.

Au plateau de Sardières.

LA SOIRÉE

Les illuminations des monuments publics et des rues, avec feu d'artifice et embrasement de la Montagne de la Bastille, tel est le complément obligé des belles fêtes offertes par la ville de Grenoble au chef de l'État.

Nous quittons la capitale du Dauphiné à dix heures pour passer la nuit en chemin de fer. Demain à la pointe du jour nous gravirons les pentes du Mont-Cenis où nous attendent les troupes alpines.

« Cela nous délassera », nous a dit ce matin M. Félix Faure.

Ma foi, nous finissons par le croire, et le seul fait d'avoir remplacé notre habit par un costume de chasse nous cause un réel plaisir.

Nous n'avons pas besoin d'ajouter que la population gre-

Au plateau de Sardières.

nobloise accompagne de ses acclamations le président de la République jusqu'à la gare. Il part visiblement enchanté de son séjour ici et nous pouvons en dire autant.

CINQUIÈME JOURNÉE

Ce matin, à cinq heures, la petite gare de Modane offrait un spectacle des plus curieux. Du train présidentiel, les invités et les journalistes descendaient précipitamment, et c'était sur le trottoir le plus amusant méli-mélo de costumes de toutes les couleurs et de toutes les formes qu'on puisse voir.

Nous aurions eu l'air de figurants et de choristes d'une troupe allant jouer le *Chalet* en province, si de nombreux généraux et officiers d'état-major ne s'étaient trouvés là pour relever notre prestige.

Les forts de l'Esseillon.

Le Président met pied à terre ; il est en jaquette noire, culotte bouffante de velours café au lait, guêtres de peau gris perle et chapeau de feutre Cronstadt. Nous n'avons pas besoin d'ajouter que M. Félix Faure a beaucoup de chic dans cette tenue.

M. Gravier, maire de Modane, lui souhaite la bienvenue et lui présente son conseil municipal, puis le Président serre la main aux généraux Coiffé, Zurlinden, de Verdières, Gastine, et il emmène tout le monde au buffet où nous déjeunons rapidement. Un quart d'heure plus tard nous roulons en voiture sur la belle route de Termignon où nous attendent les mulets qui doivent nous conduire sur le terrain des manœuvres.

L'Esseillon.

AUX MANŒUVRES ALPINES

Nous suivons d'abord la vallée de l'Arc qui écume en serpentant au milieu de prairies verdoyantes. Nous sommes déjà en pleines Alpes, au milieu d'un paysage grandiose, n'ayant autour de nous que des crêtes hérissées dont les cimes neigeuses se perdent dans les nuages ou que le soleil levant estompe d'un ourlet d'or. A Termignon, le Président change de chevaux et repart dans la direction du plateau qui fait face au glacier de Chavière.

De notre côté nous enfourchons nos mulets, et dans cet équipage pittoresque, nous commençons à grimper par des raccourcis que connaissent nos guides, pendant que le cortège suit la route militaire en lacets.

A mesure que nous nous élevons, nous avons des vues splendides sur toute la chaîne et en particulier sur la vallée de Lanslebourg et le col de la Vanoise que surplombent de larges glaciers. Quand nous atteignons 2,000 mètres d'altitude, notre horizon s'élargit encore et maintenant, sous les jeux de la lumière et de l'ombre portée par les nuages, l'ensemble des hauteurs donne l'impression d'une riche étoffe de soie aux tons changeants qu'une main géante aurait drapée en plis souples et harmonieux.

Il fait un temps merveilleux. La température est d'une exquise douceur et l'air pur des sommets qui pénètre dans nos poumons nous communique une vigoureuse allégresse.

Passage de la Vanoise.
Entre Deux Eaux.

Au détour d'un chemin nos mulets se trouvent nez à nez avec le cheval du président de la République qui, accompagné par les généraux Billot et Coiffé et leurs états-majors, vient de quitter son break pour achever l'ascension du plateau.

M. Félix Faure paraît enchanté de sa promenade; il se hâte maintenant pour assister à la manœuvre proprement dite.

Le thème de cette manœuvre, qu'un obligeant officier d'état-major, le commandant Bernard, nous communique, n'est pas très compliqué : deux partis sont en présence. Le parti Est occupe le plateau du Mont-Cenis sur un front déterminé; le parti Ouest, qui se trouve dans la vallée, reçoit l'ordre d'attaquer et de rejeter l'ennemi au delà de la crête. C'est en réalité un exercice plus qu'une manœuvre, mais cette combinaison suffisait pour permettre au chef de l'État et aux personnes qui l'accompagnent de juger à l'œuvre nos vaillants bataillons de chasseurs, les groupes d'artillerie de montagne et toutes les troupes qui sont chargées de défendre ce côté de notre frontière. Nous n'avons pas besoin de vous dire avec quelle attention nous avons suivi les mouvements de ces agiles soldats. Pendant trois heures ils ont fait l'admiration de toutes les personnes présentes; des deux côtés, ils ne méritent que des éloges.

Passage de la Vanoise.

Passage de la Vanoise.

C'est le général Bruneau, commandant la 56ᵉ brigade d'infanterie, qui dirigeait les troupes munies du manchon blanc et comprenant les 13ᵉ et 28ᵉ bataillons de chasseurs, 1 bataillon du 97ᵉ de ligne, 3 batteries de montagne et 3 compagnies du génie.

Son adversaire, le général de division Robillard, avait sous ses ordres les troupes d'attaque beaucoup plus nombreuses puisqu'on y comptait les 11ᵉ, 12ᵉ, 14ᵉ, 22ᵉ, 23ᵉ, 30ᵉ bataillons de chasseurs, 1 bataillon du 158ᵉ de ligne avec de l'artillerie et des sapeurs en proportion.

Dans ces conditions, l'attaque devait avoir la supériorité et repousser l'ennemi jusqu'à la frontière. Le mouvement convergent des trois colonnes du général Robillard s'est effectué avec une précision remarquable.

On se doute des difficultés que rencontre en pays de montagne une opération de ce genre; mais nos alpins semblent, comme on dit, jouer la difficulté, et c'est merveille de voir les cordons de tirailleurs gravir les pentes et les batteries s'établir sur des pics réputés inaccessibles.

La manœuvre terminée vers onze heures et demie par un simulacre d'assaut, le président de la République est revenu déjeuner avec les chefs de corps sous une large tente dressée pour la circonstance.

Au dessert, le général Billot a pris le premier la parole; puis le général Coiffé, commandant l'armée des Alpes, a remercié le président d'être venu voir à l'œuvre les troupes alpines. M. Félix Faure a répondu par le toast suivant, écouté debout :

> Messieurs, le président de la République représentant le pays et certain d'être son interprète, ne saurait trouver trop de circonstances pour témoigner à l'armée toute la confiance qu'elle inspire. Nous avons tenu dans cette région à montrer aux troupes que vous commandez et à vous-mêmes que, bien qu'éloignés, nous suivons vos travaux avec une patriotique émotion. Nous savons combien, pendant la saison dure, vos troupes ont à supporter de fatigues et quels dangers courent vos soldats.
> Le pays vous suit avec sollicitude, et c'est en son nom que le président de la République lève son verre à l'armée et aux troupes alpines des 14º et 15º corps d'armée.

LA REVUE DES TROUPES

Après déjeuner, le président de la République remonte à cheval et se dirige vers le Replat des Canons qui est une prairie située à 2,500 mètres d'altitude, où toutes les troupes ont été se masser pour être passées en revue. Pour rien au monde, nous n'aurions manqué d'assister à cette cérémonie toute nouvelle, puisque, pour la première fois, le chef de l'État, ayant à ses côtés le ministre de la guerre et le général Coiffé, commandant en chef de l'armée des Alpes, a galopé sur le front des troupes présentant les armes, tandis que les musiques jouaient la *Marseillaise* et que la sonnerie aux champs retentissait.

Les rochers de la Vanoise.

Est-ce le cadre imposant, le fond du décor qui donnait à cette revue un caractère spécial, mais nous avons rarement assisté à un spectacle plus impressionnant et pas une minute nous n'avons été choqués par la tenue civile de M. Félix Faure, tant il apporte de sérieux et de gravité dans tous les actes que nécessitent ses hautes fonctions.

Le président de la République fait avancer ensuite les officiers et les soldats proposés pour les distinctions honorifiques. Il remet, avec le cérémonial habituel,

La Vanoise. — La caravane présidentielle.

la croix de commandeur au général Faure-Biguet, commandant la 28ᵉ division d'infanterie, et au général de brigade Legrand, commandant la 54ᵉ brigade.

Le général Zédé, gouverneur militaire de Lyon, est élevé à la dignité de grand-officier de la Légion d'honneur.

Six officiers reçoivent la croix de chevalier, les capitaines Gloxin, du 12ᵉ chasseurs, Vidal, du 14ᵉ, Amat, du 30ᵉ, Cacciaguerra et Bouzeraud, des batteries alpines, et le sous-intendant Hérenger, de l'École de guerre.

Il y a en outre cinq médailles militaires.

La revue n'étant suivie d'aucun défilé, nous enfourchons nos mulets et redescendons lentement à Termignon d'où une voiture nous ramène à Modane, enchantés de notre journée, mais, vous le croirez sans peine, passablement fourbus.

La Vanoise. — Dans le couloir.

De son côté le chef de l'État, tantôt à pied, tantôt à cheval, redescend de la redoute de la Turra jusqu'à Lanslebourg et enfin arrive à Termignon à la tombée de la nuit.

Termignon ne possède que deux ou trois maisons à peu près confortables. Le Président est descendu dans l'une d'elles qui est ce soir illuminée par les soins du propriétaire.

Ce soir, dîner intime.

Demain, manœuvre sur les bords de l'Arc entre Termignon et Bramans.

SIXIÈME JOURNÉE

LE PASSAGE DE L'ARC

L'Arc est ce torrent sinueux dont nous vous avons déjà parlé et qui suit la route de Termignon à Modane. On ne peut le franchir que sur des ponts, car son cours est des plus rapides. Il y en a trois seulement sur la ligne de bataille : un à Termignon même, les deux autres à côté des villages de Verney et de Bramans.

Passage de la Vanoise.
La montée de la Croix-Vie.

Entre Verney et Bramans, la rivière fait un coude autour de l'Éperon dominé par le plateau de Sardières. C'est là évidemment le centre de l'action, le morceau à enlever, comme disent les officiers, et c'est en effet sur ce point que la défense accumule ses forces.

Dès sept heures du matin, le président de la République, accompagné par le ministre de la guerre et tous les généraux, y arrive à cheval. Il met pied à terre, et, la jumelle à la main, il commence à suivre les mouvements des troupes d'attaque qui se dissimulent dans les bois, de l'autre côté de la rivière.

L'observatoire est excellent et le panorama toujours merveilleux, quoique le temps soit moins clair que la veille. Les hauts sommets ont ce matin leur tête dans les nuages ; quelques-uns semblent coiffés d'un bonnet de coton, d'autres ceints d'un turban.

Le combat, comme tous les combats modernes, commence par un duel d'artillerie dont les échos nombreux et sonores multiplient le tapage ; les batteries des adversaires employant de la poudre ordinaire à fumée, nous découvrons facilement leur position qui est quelquefois située sur des crêtes vertigineuses. On est littéralement stupéfait

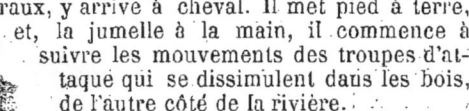

Passage de la Vanoise. — Arrivée au lac Long.

que des canons puissent être hissés jusque-là ; on le serait bien davantage s'ils n'étaient chargés à blanc, car nous sommes précisément leur objectif et le plateau, au figuré, bien entendu, est depuis une heure couvert de mitraille.

Nous cherchons l'infanterie dont nous commençons à entendre les feux et qui en effet ne tarde pas à paraître. On aperçoit sur les pentes opposées des lignes parallèles de petites fourmis descendant vers la rivière en files indiennes. Ces fourmis, on constate avec une lorgnette que ce sont les tirailleurs des colonnes d'attaque que le général Faure-Biguet vient de lancer en avant.

Sous un feu meurtrier elles serpentent jusqu'au pont de Bramans situé à environ quinze cents mètres au-dessous de nous, elles le franchissent et, toujours en tirant, elles commencent à gravir lentement les flancs de notre plateau que le parti de la défense abandonne lorsque la démonstration paraît suffisante au général Pédoya.

La Vanoise.
Arrivée du convoi portant les provisions.

UN TOAST DU PRÉSIDENT

Le Président a offert, après la manœuvre d'aujourd'hui, un déjeuner aux généraux et aux officiers supérieurs.

Le déjeuner a eu lieu au fort de l'Esseillon, sous une tente dressée sur une sorte de rempart dominant l'Arc.

Le président de la République a porté un toast dont on retrouvera les termes plus loin.

Le déjeuner en face des glaciers de la Grande Casse à 2,500 mètres.

ARRIVÉE DU GÉNÉRAL SAN-MARTINO

Le train régulier dans lequel se trouvaient le général italien Pouza de San-Martino et le lieutenant-colonel chevalier Greppi, aide de camp du roi Humbert, chargés de venir saluer à Termignon, au nom du roi, le président de la République, est arrivé à 4 heures en gare de Modane avec une vingtaine de minutes de retard. Sur le quai attendaient le lieutenant-colonel Ménétrez de la maison militaire du Président et le lieutenant-colonel Thévenin, officier d'ordonnance du ministre de la guerre.

Devant la gare, une compagnie du 15e de ligne a rendu au général San-Martino et au chevalier Greppi les honneurs militaires; la musique du régiment a joué l'hymne national italien.

Le général de San-Martino, le chevalier Greppi, les colonels Ménétrez et Thévenet ont pris place dans un landau attelé de deux chevaux d'artillerie qui les a conduits à Termignon.

La Vanoise. — Après le déjeuner.

RÉCEPTION DES OFFICIERS ITALIENS.

La Vanoise. — Le président de la République et le ministre de la guerre devant le glacier de la Grande Casse.

L'arrivée de l'ambassade italienne est l'événement de l'après-midi. Elle a excité un vif sentiment de curiosité parmi les populations si françaises de la frontière des Alpes. Dans la principale rue du village où se trouve la maison occupée par le président de la République, tous les habitants de Termignon, ou à peu près, se trouvaient réunis pour voir le général et son aide de camp, qui sont arrivés à six heures.

Les honneurs ont été rendus par une compagnie du 23e bataillon avec le drapeau des chasseurs et la fanfare qui a joué la *Marche royale* d'Italie.

Reçu par le général Hagron, chef de la maison militaire, l'ambassadeur extraordinaire du roi d'Italie est introduit immédiatement auprès du chef de l'État avec lequel il reste seul environ dix minutes.

Quand il ressort pour gagner le logement qu'on lui a préparé, les mêmes honneurs qu'à l'arrivée lui sont rendus. Cette entrevue très cordiale n'a été marquée par aucun incident. Les officiers italiens ont été invités à dîner par le président de la République.

A six heures et demie, le général de San-Martino et le chevalier Greppi se retirent; ils rendent une visite au ministre de la guerre, puis regagnent leur cantonnement et paraissent admirer beaucoup la belle allure des troupes.

Le colonel Ménétrez vient à ce moment leur remettre de la part du président de la République : au général de San-Martino, la croix de commandeur de la Légion d'honneur, et au chevalier Greppi, la croix d'officier.

Nous couchons ce soir à Termignon sur une botte de paille, les quelques lits disponibles étant réservés aux généraux. Le petit village est illuminé pendant qu'une retraite aux flambeaux parcourt les rues et que les officiers italiens remontent en voiture pour aller prendre le train à Modane.

Entre Deux-Eaux.

SEPTIÈME JOURNÉE

Le thème de la manœuvre d'aujourd'hui n'est pas plus compliqué que les autres, mais son exécution se heurte à des difficultés bien supérieures. Il s'agit, en effet, pour l'un des partis qui se replie vers la Vanoise de défendre dans des positions successives le passage du col situé entre deux glaciers, à 3,000 mètres d'altitude environ. C'est le général Lallement qui commande de ce côté. Il n'a avec lui que peu de monde, tandis que le parti de l'attaque, général de division Robillard, a été très renforcé. Il se compose de trois brigades sous les ordres des généraux Bruneau, Bonnet et Pédoya.

La Vanoise. — Le ministre de la guerre et le lieutenant-colonel Thévenet.

La colonne de droite part de Lanslebourg ; une autre colonne, dans laquelle se trouve le 12e bataillon de chasseurs, a pour mission de tourner le col par la gauche. Pour obtenir ce résultat, les hommes traverseront à la corde le glacier de la Vanoise, et ce ne sera pas l'épisode le moins intéressant de la journée. C'est un guide célèbre dans la contrée, il s'appelle Blanc, dit le Greffier, originaire de Bonneval, qui prendra la tête du bataillon.

Nous allons d'abord faire l'ascension des châlets de Chavière, derrière la colonne du centre, puis nous continuerons à grimper jusqu'à la Vanoise.

Il est possible qu'à la dernière minute, le Président se décide à franchir le col.

LE PASSAGE DE LA VANOISE

Nous quittons Termignon à quatre heures et dans la fraîcheur ma-

La Vanoise. — Au lac Rond.

tinale, en aspirant à pleins poumons l'air vivifiant où passent les senteurs de la flore alpestre, notre monôme de mulets commence à gravir les premiers escarpements du massif de la Vanoise. Cette fois, nous précédons M. Félix Faure, qui suit trois quarts d'heure plus tard le même chemin.

M. Félix Faure a pris cette fois le costume complet de l'alpiniste et il a remplacé le chapeau blanc par le béret bleu ; le général Billot a également substitué le béret au képi. Les autres officiers ont conservé la coiffure habituelle.

L'escorte a été supprimée. Il ne pouvait être question, en effet, de faire passer aux dragons les passages dangereux qui aboutissent au col.

La Vanoise. — La caravane présidentielle redescend sur Pralognan.

Des mulets portant des tables et des chaises, et dans des paniers le menu du déjeuner, suivaient à quelques centaines de mètres.

M. Félix Faure n'a pas quitté un seul instant la route normale du col, et c'est de cette route qu'il a pu assister à diverses phases de la manœuvre, manœuvre qui n'a pu en réalité, faute de temps, avoir tout le développement qu'elle devait comporter.

M. Félix Faure et sa suite ont enfourché comme nous des mulets, les montures de montagne par excellence. M. Boucher, le ministre du commerce qui suit incognito les manœuvres alpines, accompagne le président de la République, et se dispose comme lui à franchir le col de la Vanoise. M. Boucher est accompagné de son distingué chef de cabinet M. Bordelongue.

Pendant que nous grimpons les pentes l'opération militaire dont nous vous avons donné le thème se déroule.

La Vanoise. — Au lac des vaches.

Nous vous avons déjà signalé la stupéfaction qu'on éprouve en apercevant à des hauteurs invraisemblables des canonniers tirant à mitraille, et sur des pics terrifiants des chasseurs exécutant des feux de salve. On se demande sérieusement s'ils y sont allés en ballon. Les colonnes du général Robillard renouvellent aujourd'hui leurs prouesses à ce point de vue spécial. La partie la plus intéressante de la manœuvre devait être la marche du 12ᵉ bataillon de chasseurs qui s'était porté hier aux granges de l'Arpont, afin de pénétrer dès la première heure dans les glaciers de la Vanoise, où il aurait coupé la retraite de l'adversaire.

Ce bataillon, qui est spécialement entraîné pour des tentatives de cette nature, a exécuté son mouvement, les hommes attachés entre eux par une corde; mais la distance était trop longue, et la sonnerie du rassemblement a retenti avant que le 12ᵉ chasseurs eût atteint la pointe de la Rechasse.

Après la manœuvre les tables ont été dressées et le repas a été servi au milieu du col, 2,527 mètres d'altitude, en face des resplendissants glaciers de la Vanoise, au bord du lac Rond.

A midi un quart, M. Félix Faure repart. Il sort du col à mulet et se dirige, tantôt à pied et tantôt à mulet, sur Pralognan où il arrive à trois heures.

M. Félix Faure se repose une heure et demie à Pralognan.

Il fait atteler des voitures pour franchir les 27 kilomètres qui le séparent encore de Moutiers où il arrive à sept heures. Il descend aussitôt à la sous-préfecture.

L'évêque de Tarentaise, Mgr Bouvier, vient présenter les hommages de son clergé.

C'est seulement vers trois heures qu'on a appris à Modane que le président de la République avait résolu de gagner Moutiers en franchissant le col de la Vanoise.

Le train présidentiel est parti de Modane à quatre heures pour Moutiers; les populations des régions parcourues n'ayant pas été avisées de la modification apportée au dernier moment au programme du voyage, étaient accourues aux gares pour saluer le chef de l'Etat

Sur le passage du train, les fanfares ont joué la *Marseillaise* et les gendarmes ont présenté les armes.

A Saint-Jean-de-Maurienne le train s'est arrêté quelques instants, le maire s'est approché pour souhaiter la bienvenue à M. Félix Faure, il avait préparé une petite

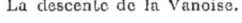
La descente de la Vanoise.

La Vanoise. — Le glacier de la Rechasse.

allocution qu'il se proposait de lire, aussi a-t-il paru fort déçu lorsqu'on lui a annoncé que le président de la République ne se trouvait pas dans le train.

Il n'y aura pas demain de manœuvres.

Le président de la République se rendra dans la journée à Bourg-Saint-Maurice et à la Redoute-Ruinée. Il partira de Moutiers vers cinq heures du matin et sera de retour le soir à sept heures et demie.

HUITIÈME JOURNÉE

Aujourd'hui dimanche, jour de repos pour tout le monde, sauf pour le président de la République, qui quitte Moutiers à cinq heures du matin. Il retourne dans la montagne avec le ministre de la guerre et les autres généraux ; mais au lieu de prendre la route de la Vanoise, il se dirige cette fois sur le Petit Saint-Bernard par Bourg-Saint-Maurice où la population a fait au chef de l'Etat une très brillante réception, qui s'est renouvelée dans tous les autres villages traversés.

La Vanoise, au milieu des éboulis.

Arrivé au chalet des Eucherts, le président est descendu de voiture pour se rendre à dos de mulet jusqu'au lieu de la catastrophe arrivée il y a huit mois à un groupe de chasseurs alpins près de la Redoute-Ruinée, à 2,000 mètres d'altitude. Là une cérémonie émouvante a été occasionnée par la remise des décorations aux survivants de la terrible avalanche.

Le lieutenant Cozère a reçu une médaille d'or ; les chasseurs Feverdy, Mapput, Mangin, Maniglier, une médaille d'argent. Très ému, le président leur a adressé une petite allocution, puis il s'est remis en marche pour se rendre à la Redoute-Ruinée dont il a visité l'installation.

Le retour s'est effectué par les pentes du Petit Saint-Bernard.

Il a fait un temps atroce; la pluie n'a pas cessé et le froid sur les hauts plateaux était vif ; la descente en particulier a été extrêmement pénible. Eh bien ! nous venons de voir le président descendre de voiture devant le perron de l'hôtel du sous-préfet ; il était rayonnant, et la joie que sa visite a causée aux populations de l'ex-

La Vanoise. — La descente à pied.

trême frontière et aux braves officiers et soldats du 11ᵉ bataillon compense évidemment à ses yeux toute la peine qu'il a prise pour la leur donner.

A MOUTIERS

La Vanoise. — La descente.

Moutiers est une très jolie petite ville, dont les maisons blanches égaient le fond d'une verte vallée où roule l'Isère. Dire qu'on pavoise les rues pour l'arrivée du président ne suffit pas ; les habitants, qui sont d'ardents patriotes, ont décoré leurs maisons avec une ingéniosité charmante : arcs de triomphe, guirlandes de feuillage, drapeaux, écussons, branches de sapin garnies de fleurs en papier, à l'instar de Paris, ils ont tout employé à profusion, et, si la pluie qui tombe depuis la matinée vient à cesser, les illuminations de ce soir seront très brillantes.

Le maire, M. Emile Reyne, a fait afficher partout une proclamation dans laquelle il demande à la presse de redire à la France entière que l'amour des habitants de Moutiers pour la patrie française est aussi ardent et aussi vivace qu'au jour où ils votaient avec enthousiasme leur annexion.

Nous nous en sommes aperçus à l'accueil chaleureux qu'ils ont fait au chef de l'État.

Le train de Paris nous a amené M. Blondel, secrétaire du président de la République, qui nous accompagnera demain à Chambéry.

Le syndicat d'initiative de la Savoie nous avait conviés cet après-midi à Brides-les-Bains, ainsi que nos confrères, pour assister aux réjouissances de la population.

Brides-les-Bains, situé à 6 kilomètres d'ici, est une station très fréquentée ; nous y avons trouvé l'affluence mondaine que nous ne manquerons pas de rencontrer à Aix à la fin de notre voyage : messieurs en smoking, femmes élégantes aux toilettes claires parmi lesquelles nous remarquons plusieurs gracieuses Tarentaises en costume national.

Il est très simple ce costume, mais presque aussi coquet que celui des

La Vanoise. — Monsieur Boucher, ministre du commerce, et la suite du Président.

Arlésiennes : la coiffure à trois pointes, genre Marie-Stuart, leur va à ravir ; elle se compose d'un empiècement de velours noir, de satin blanc, d'étoffe brochée bordée de plusieurs rangs de paillettes d'argent ou d'or, le tout surmonté d'une tresse de cheveux en forme de couronne. Avec le léger fichu qui couvre les épaules, ce petit bonnet s'harmonise très agréablement.

La Vanoise.
Au poste de la Glière.

NEUVIÈME JOURNÉE

A huit heures, le président de la République quitte Moutiers accompagné de M. Boucher, ministre du commerce, dont l'incognito a pris fin, du général Billot, du général Hagron et de toutes les personnes de sa suite, il descend de son landau dans la cour de la gare au milieu des troupes qui lui rendent les honneurs. Il serre la main au maire de Moutiers, à M. Noblemaire, directeur de la Compagnie P.-L.-M., à M. de Lamolère, le dévoué inspecteur du mouvement, en disant à ce dernier : « Mon cher monsieur de Lamolère, vous avez toujours pour moi une quantité de prévenances et je n'ai qu'un regret : c'est de ne pas vous voir plus souvent pour vous en remercier. » Ce bon M. de Lamolère en était tout ému.

Avant son départ, il remet la croix de la Légion d'honneur au capitaine Couton, du 158ᵉ de ligne, et à M. Montmayeur, adjoint du génie.

M. Félix Faure et ses invités montent ensuite dans le train qui part aussitôt.

ARRIVÉE A CHAMBÉRY

Nous arrivons deux heures plus tard à Chambéry, après quelques minutes d'arrêt à Albertville. La vieille capitale des Allobroges, en fête depuis hier, renouvelle pour M. Félix Faure la splendide réception qu'elle fit au regretté président Carnot lors de son dernier voyage en Savoie. Le pavoisement des rues et

La Vanoise. — Le Président descend de mulet à la traversée du Doron.

des places, les arcs de triomphe, les banderoles et les guirlandes, nous avions déjà vu tout cela, mais l'enthousiasme patriotique des habitants qui nous avait déjà frappé en 1892, semble encore avoir grandi avec les années.

Salué à la gare par M. Challier, maire de Chambéry, par le président du conseil général, par les députés et sénateurs du département, le président de la République remet, dans le cérémonial usité, les décorations militaires, puis il monte en voiture pour se rendre à la préfecture où il va recevoir les autorités. Sur tout le parcours la foule accueille le chef de l'Etat par les cris répétés de « Vive Félix Faure ! vive la République ! ».

A dix heures quarante-cinq, M. Félix Faure reçoit les autorités à la préfecture. En présentant le conseil général de la Savoie, M. Antoine Perrier, député, a prononcé un discours auquel M. Félix Faure a répondu.

La descente de la Vanoise.
L'arrivée à Pralognan.

Les officiers de la garnison sont présentés par le général Robillard, commandant la 28ᵉ division, et le clergé du diocèse par l'archevêque de Chambéry.

Il reçoit ensuite les maires et les instituteurs.

Au cours des réceptions, le président de la République a remis la croix de la Légion d'honneur à MM. Truchet, maire de Saint-Jean-de-Maurienne, et Canet, maire d'Albens.

En outre, un certain nombre de palmes académiques et de croix du Mérite agricole ont été décernées.

Le Président déjeune ensuite à la préfecture. Pendant ce temps la ville de Chambéry nous offre un petit banquet qui est le bienvenu après les privations de toutes sortes que nous venons de subir en Maurienne.

La fanfare de Pont-de-Beauvoisin nous offre en même temps un très beau concert. Au dessert du repas officiel, M. Antoine Perrier, député, porte au nom du conseil général de la Savoie, qu'il représente, la santé du chef de l'Etat.

Le monument de la Redoute ruinée.

M. Félix Faure répond au président qu'il est venu dans cette région pour donner, au nom du pays, un témoignage de sympathie aux troupes et aux populations de la frontière. Puis à propos du voyage en Russie, auquel M. Perrier a fait allusion, le président déclare qu'il n'oubliera pas les encouragements patriotiques qu'il a reçus au cours du voyage si intéressant qu'il vient de faire à travers le Dauphiné et la Savoie.

La visite aux hôpitaux, à l'exposition horto-agricole, au palais de justice, a rempli l'après-midi du chef de l'État. Toutes ces cérémonies ont été le motif de manifestations sympathiques pour M. Félix Faure et les ministres.

Au cours de sa visite, il remet la croix de la Légion d'honneur à M. le docteur Chiron, chirurgien en chef des hôpitaux.

Les sociétés de gymnastique de la région, que préside le commandant Chabal, un vieux brave marchant avec des béquilles, nous donnent ensuite le spectacle réconfortant de leur agilité, tandis que les sociétés chorales et instrumentales nous offrent un concert au grand jardin.

Enfin, à sept heures, le président de la République et les personnages qui l'accompagnent se rendent au manège militaire où a lieu le banquet offert par la municipalité et le conseil général.

A la Redoute ruinée.

LE BANQUET

Dans le vaste manège de cavalerie, la ville de Chambéry offre ce soir un grand banquet au président de la République, aux ministres du commerce et de la guerre et à toutes les personnalités marquantes de la région. Cinq cents convives environ y assistent. A la table d'honneur on remarque la présence de Mgr Hautin, archevêque de Chambéry.

Quand l'heure des toasts sonne, le maire, M. Challier, porte la santé du chef de l'État, puis M. Félix Faure se lève et dans une heureuse improvisation boit à la Savoie, à l'armée et à la patrie française.

Il remet ensuite, aux applaudissements de tous, la croix de la Légion d'honneur

A la Redoute ruinée.
La descente au Petit Saint-Bernard.

au premier magistrat municipal de Chambéry ; il donne la rosette de l'instruction publique à M. Billaut, du *Savoyard républicain*, et les palmes académiques à M. Lausard, adjoint.

En sortant du banquet, le président de la République se rend au théâtre où nos hôtes ont organisé une représentation extraordinaire en son honneur ; retraite aux flambeaux, feu d'artifice, rien ne manque d'ailleurs au programme de la soirée. La ville est brillamment illuminée.

La population, tout à la joie, manifeste bruyamment en l'honneur du chef de l'État et du gouvernement de la République.

UNE DERNIÈRE JOURNÉE

Sur la route du Petit Saint-Bernard.

Nous voici au terme de notre voyage. Il nous reste à visiter Annecy et Aix-les-Bains, puis le train présidentiel filera, viâ Mâcon, directement sur Paris, où nous arriverons demain mercredi à neuf heures et demie du matin.

Est-ce la perspective d'un prochain retour ou la beauté des sites que nous savons devoir rencontrer ? notre petit monde se montre aujourd'hui d'une humeur charmante, et, sur le quai de la gare à Chambéry, on ne voit que des visages souriants. Pour M. Félix Faure et les ministres que les acclamations des Chambériens accompagnent jusqu'au départ du train, cela s'explique tout naturellement, mais en ce qui nous concerne, nous y avons quelque mérite.

ARRIVÉE A ANNECY

Un temps merveilleux, le soleil étincelant de tous ses feux dans l'azur immaculé du ciel, favorise l'entrée solennelle du chef de l'État dans le chef-lieu de la Haute-Savoie. Reçu à la gare avec les honneurs protocolaires par MM. Boch, maire d'Annecy, Francoz, président du conseil général, par les membres des assemblées départementale et

Au Petit Saint-Bernard. — Le Président interroge le cantinier de la cantine Sainte-Barbe.

communale, par le préfet, M. Masclet, et tous les députés et sénateurs de la région, le président de la République décore d'abord un officier.

Il se rend avec le cérémonial habituel à la préfecture où ont lieu les réceptions.

A Chambéry.

Le cortège suit la rue Royale dont toutes les maisons ont leurs fenêtres et leurs balcons garnis de spectateurs qui manifestent leur joie en applaudissant à tout rompre. Il s'engage ensuite sous les platanes majestueux de l'esplanade d'où nous découvrons le paysage adorable que baigne le célèbre lac d'Annecy et dont les montagnes de Veyrier et du Semnoz forment le cadre. A la préfecture, les fonctionnaires sont déjà réunis, les réceptions officielles commencent aussitôt.

En présentant le conseil général, M. Francoz, sénateur, dit que l'assemblée départementale est la représentation exacte des populations.

M. Félix Faure répond : « Le tableau que vous venez de faire de l'esprit de vos populations est conforme à celui que nous nous en faisons nous-mêmes. »

La partie la plus intéressante des réceptions est la démarche faite auprès du chef de l'État par le consul général de France à Genève, qu'accompagnait une nombreuse députation de la colonie française.

Répondant aux souhaits formulés par le consul général, M. Félix Faure s'exprime en ces termes :

> Dès que j'ai su que vous pouviez vous déplacer et venir à Annecy saluer le président de la République, j'ai accepté avec le plus grand plaisir de vous recevoir. Je sais l'importance de la colonie française de Genève : vous n'ignorez pas avec quel souci nous nous préoccupons de nos compatriotes qui résident à l'étranger. Je suis certain que vous ressentez aussi vivement tout ce qui touche la mère Patrie ; tous nous voulons une France unie, grande, forte et respectée.

VISITE A L'HOPITAL

Avec la scrupuleuse exactitude qu'il met toujours à remplir cette partie de sa mission, le président de la République visite l'hôpital.

Dans la partie réservée aux militaires malades, le général Zédé présente au chef de l'État un chasseur du 11e bataillon nommé Laverrière

A Chambéry. — La fête de gymnastique.

qui a été roulé par l'avalanche du 3 février dernier sur les pentes du Saint-Bernard et qui, ayant eu chance de s'en tirer sain et sauf après la première chute, fut blessé en allant au secours de ses camarades.

Laverrière resta dix-huit heures sous la neige; il eut les pieds gelés. Transporté à l'hôpital d'Annecy, il y reçut tous les soins désirables. Il n'est pas encore guéri à l'heure actuelle. Le malheureux restera estropié.

En lui remettant une médaille d'honneur, le président de la République lui a annoncé qu'il recevrait sous peu une pension de retraite.

« Je savais que je vous trouverais ici, a dit M. Félix Faure. J'ai vu hier vos braves camarades, mais j'ai gardé votre médaille pour vous l'apporter moi-même. Vous avez le droit de la montrer à tous glorieusement ».

« Merci, Monsieur le président, » a répondu simplement Laverrière. Le brave garçon avait les larmes aux yeux quand nous lui avons serré la main pour le féliciter.

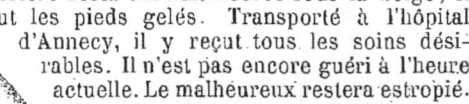
Sur le lac à Annecy.
La Tournette.

M. Félix Faure visite successivement les salles de l'hôpital civil et militaire; il promet aux petites orphelines d'organiser à leur intention une promenade avec parcours en chemin de fer.

LE BANQUET

En sortant de l'hôpital le président se rend au banquet que la municipalité et le conseil général lui offrent dans les beaux salons de l'Hôtel de Ville, ornés à profusion de fleurs et de plantes vertes. Menu exquis, vins *idem*. Par là-dessus nous avons la chance d'être placé entre deux aimables convives, M. Peltre, conseiller général, directeur de l'École d'horlogerie, et le chef d'escadron Kuntzel, qui commande la gendarmerie du département.

Le maire porte un toast au président de la République :

« Les habitants de notre pays, dit-il notamment, étaient républicains avant la République. Aussi sommes-nous heureux d'acclamer aujourd'hui, en votre personne, la plus haute expression de notre gouvernement démocratique. »

M. Félix Faure répond au toast du maire : « Monsieur le maire, pour assurer la grandeur de la France, il faut, comme vous

Lac d'Annecy.

venez de le dire, réunir les qualités qu'on trouve chez le peuple savoyard : la réflexion, la sagesse, le libéralisme, l'indépendance d'esprit. C'est en raison de ces vertus que le président de la République est heureux d'avoir passé quelques instants au milieu de cette brave cité dont il connaît les aspirations et les sentiments. Je lève mon verre à la ville d'Annecy. »

Une promenade en bateau sur le lac d'Annecy remplit l'après-midi du Président.

Le lac d'Annecy, dont les *guides* décrivent les beautés en style dithyrambique, mérite les éloges que tous les romanciers et les poètes lui ont adressés en prose et en vers. Il compte quatorze kilomètres de long et trois kilomètres et demi environ dans sa plus grande largeur. Pour en admirer les rives verdoyantes sur lesquelles de coquets villages semblent posés comme de pittoresques bibelots d'étagère, le président s'embarque sur le *Mont-Blanc*.

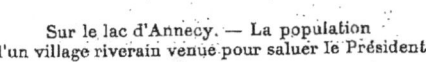

Sur le lac d'Annecy. — La population d'un village riverain venue pour saluer le Président.

On nous montre la villa où vécut Jean-Jacques Rousseau, la maison où naquit Berthollet, le génial chimiste ; celle où mourut Eugène Sue.

Nous passons devant Talloires que l'académicien André Theuriet a célébré dans la plupart de ses ouvrages. Voici Menthon-Saint-Bernard où se trouvent des thermes romains. Dans toutes ces localités le bateau présidentiel est accueilli par les populations aux cris de : « Vive Félix Faure ! vive la République ! » A Veyrrier, la réception est particulièrement enthousiaste.

M. Félix Faure, en rentrant à Annecy, ne fait que traverser la ville pour aller reprendre son train. Il est encore une fois acclamé et nous partons pour Aix-les-Bains, dernière étape de notre superbe voyage.

A AIX-LES-BAINS

En arrivant à Aix-les-Bains, dans la gare même, le président de la République commence par nous causer un vif plaisir.

Il attache la croix d'officier du Mérite agricole sur la poitrine de notre ami M. de Lamolère, qui depuis vingt-un ans, sans cesser son service à la Compagnie P.-L.-M.,

Annecy. — En attendant le Président.

s'est occupé avec succès de la reconstitution des vignobles dans les pays ravagés par le phylloxera.

A cette occasion, M. Félix Faure explique, dans une allocution spirituelle et pleine d'à-propos que nous applaudissons à outrance, combien il est heureux de reconnaître en même temps les précieux services que M. de Lamotère lui rend pendant ses voyages, ainsi qu'aux personnes qui l'accompagnent.

Le maire d'Aix, M. Gimet, souhaite ensuite la bienvenue au chef de l'État qui se rend en voiture à l'Hôtel de Ville, très applaudi par la foule des habitants et des baigneurs.

La réception de la municipalité et des fonctionnaires, la visite à l'hôpital et à l'établissement thermal, telles sont les occupations immédiates de M. Félix Faure.

A sept heures il assiste, ainsi que les membres du gouvernement, au banquet offert par la ville.

Ce banquet, étant le dernier de la série, nous a paru tout à fait supérieur ; il s'est terminé, ce qui ne gâte rien, par des toasts très courts. Le maire, M. Givet, a porté en excellents termes la santé du président de la République qui a bu à la prospérité de la célèbre station balnéaire.

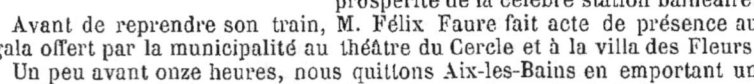
Le compliment.

Avant de reprendre son train, M. Félix Faure fait acte de présence au gala offert par la municipalité au théâtre du Cercle et à la villa des Fleurs.

Un peu avant onze heures, nous quittons Aix-les-Bains en emportant un excellent souvenir de notre court séjour dans cette partie de la Savoie.

Au moment où le train s'ébranle, les fusées d'un brillant feu d'artifice montent dans l'air et notre voyage se termine comme une féerie par une éblouissante apothéose.

LE RETOUR A PARIS

Le président de la République est rentré à Paris le 11 août au matin.

Le train présidentiel entre en gare à neuf heures. M. Félix Faure, qui semble très dispos, serre la main des personnes venues pour le saluer, puis il adresse à l'ingénieur et aux mécaniciens qui l'ont conduit quelques cordiales pa-

La réponse au compliment.

roles de remerciement. Après cette démarche, le chef de l'État est monté en voiture. Dans le landau présidentiel ont pris place le général Hagron, M. Le Gall et le lieutenant colonel Ménétrez.

Sur tout le parcours, de la gare de Lyon à l'Élysée, le président de la République a été salué respectueusement par la foule.

M. Félix Faure n'a séjourné que peu d'heures à Paris, et après avoir déjeuné à l'Élysée, il a pris à 1 heure 25 le train pour le Havre.

A Aix-les-Bains.

DOCUMENTS OFFICIELS

RÉPONSE DU PRÉSIDENT DE LA RÉPUBLIQUE AU PRÉSIDENT DE LA CHAMBRE DE COMMERCE DE VALENCE.

Je n'ai pas besoin de vous dire, Monsieur le président de la chambre de commerce de Valence et Monsieur le président du tribunal de commerce de Romans, avec quel plaisir j'ai accepté de me rencontrer aujourd'hui avec vous. Vous avez fait appel à mes souvenirs et je m'en réjouis. J'ai connu beaucoup d'entre vous dans le monde des affaires et je vous ai toujours trouvés, comme je vous retrouve aujourd'hui, des hommes d'initiative, de volonté, de responsabilités, d'ardents patriotes. (Applaudissements.)

Le langage que vous venez de tenir prouve jusqu'à l'évidence que les principes de 1789 sont toujours la base de notre société. (Applaudissements.)

Vous revendiquez la responsabilité personnelle, l'initiative ; vous vous adressez moins aux pouvoirs publics qu'au courage, qu'à la bonne volonté de tous ; j'ai le droit de vous dire, m'associant à vos paroles : aidons-nous, aidons les petits et les humbles, travaillons dans l'idée commune de la grandeur de la patrie.

Personne n'a le droit de se plaindre sous un gouvernement libéral, car tous nous avons la faculté de pouvoir prendre la parole pour défendre nos intérêts, lorsque ces intérêts restent dans la limite de la justice et de l'équité.

Oui, assurément, nous traversons une époque qui n'est pas, au point de vue économique, exempte de difficultés ; mais c'est à l'initiative privée qu'il faut faire appel. Je connais certains débouchés que vous avez pu laisser perdre. Vous avez des enfants, envoyez-les au dehors, faites-leur voir du pays. (Applaudissements.)

C'est à l'étranger qu'il faut, avec le sentiment de la force de notre production nationale, étudier les besoins des autres régions et chercher des clients là où d'autres veulent nous les arracher.

C'est dans ces sentiments, certain d'être compris par les hommes qui m'écoutent, que je lève mon verre à la grandeur et à la prospérité de l'industrie et du commerce de la France, et, si je puis m'exprimer ainsi, à la prospérité de l'industrie et du commerce de la Drôme. (*Vifs applaudissements.*)

AU MAIRE DE VALENCE.

Monsieur le Maire,

Vous n'avez point besoin de me remercier d'être venu passer quelques heures dans la ville que vous administrez.

Le président de la République a été heureux de se joindre à cette excellente et patriotique population pour fêter avec elle ceux qui ont brillé dans la politique, dans les lettres, pour applaudir aux manifestations artistiques auxquelles nous avons aujourd'hui assisté. La sculpture y a une large place, mais la peinture n'en a pas été exclue, car, comme président des Félibres, un éminent artiste qui brille généralement dans les salons nous a prouvé qu'il savait peindre en traits charmants les œuvres que nous avons tous lues, entendues et admirées. (*Applaudissements.*)

J'apprécie les sentiments républicains de ces populations et le souvenir profondément ému qu'elles gardent des hommes qui ont illustré la France dans le passé.

Ces sentiments me portent à vous demander de vous unir au toast que je forme au Dauphiné, à son présent pour sa foi républicaine et à son avenir pour ses progrès dans la voie démocratique. (*Applaudissements.*)

AU PRÉSIDENT DU CONSEIL GÉNÉRAL DE GRENOBLE.

L'un des privilèges qui sont les plus chers au chef de l'État, c'est l'occasion qui lui est donnée de visiter l'une après l'autre les provinces de France pour entendre l'expression de leurs désirs.

Sa plus grande joie, c'est de constater de la Manche à la Méditerranée, de l'Océan aux Alpes, l'attachement de plus en plus profond aux institutions républicaines. (*Applaudissements.*) Ici, Messieurs, dans ce Dauphiné, nous sommes saisis par une pensée plus forte encore, s'il est possible, et par une émotion puissante faite des souvenirs grandioses que nous ont laissés nos pères.

Les cérémonies qui viennent de s'accomplir forment le complément naturel des fêtes par lesquelles vous avez célébré, il y a neuf ans, le centenaire de la Révolution dauphinoise. (*Nouveaux applaudissements.*) S'il est une heure de notre glorieuse histoire qui mérite en effet d'être rappelée à jamais par un monument impérissable, c'est sans contredit celle qui marque l'essor initial du pays vers un idéal de justice et de liberté. (*Vifs applaudissements.*)

Certes, dans cet admirable élan qui depuis un siècle entraîne notre démocratie, chaque partie de la France a ses fastes particuliers, mais vos montagnes dauphinoises retentissent encore de l'écho précurseur qui annonçait à la France et au monde l'aube qui se levait. (*Nouveaux et vifs applaudissements.*)

C'est dans le cahier des communes du Dauphiné, que pour la première fois la France a entendu affirmer que la prospérité de la patrie est le bien de tous. Cette prospérité, dans l'esprit de nos ancêtres, était inséparable du triomphe de leurs aspirations libérales, pour lequel ils ont montré d'ailleurs qu'ils étaient prêts à supporter tous les maux avec courage.

Réfléchis, indépendants, inébranlables dans vos résolutions méditées, voilà ce que vous avez été dès les débuts de votre histoire locale, voilà les qualités qui continuent à vous distinguer dans cette admirable variété qui constitue la nation française. (*Applaudissements répétés.*)

Passionnément épris de justice, de liberté et d'égalité, vous vous tournez aujourd'hui vers les conquêtes d'initiative et de prévoyance sociale qui sont l'honneur de notre temps, vous y apportez un esprit de sagesse politique qui, chez vous, s'allie noblement au culte de l'idéal.

Le président de la République, sur cette terre du Dauphiné, berceau de la souveraineté nationale, salue en vous, Messieurs, l'avant-garde de la démocratie, les sentinelles vigilantes qui, du haut de leurs montagnes, guettent à l'horizon la montée, tous les jours plus radieuse, de la fraternité. (*Salves d'applaudissements et acclamations.*)

TOAST DU PRÉSIDENT PRONONCÉ AU DÉJEUNER A L'ESSEILLON.

Messieurs,

Les occasions que l'armée et la marine donnent à la nation de connaître sa force excitent dans nos cœurs une juste fierté.

Chaque année, la fin des manœuvres nous offre le cadre d'une revue où les qualités brillantes et l'endurance de nos soldats se manifestent avec un éclat tout particulier.

Il nous restait à venir admirer sur les lieux mêmes où ils manœuvrent les corps auxquels la France a remis avec confiance la garde de ses frontières montagnardes.

On peut dire que la lutte quotidienne avec les forces naturelles fait vivre ces troupes alpines dans la fièvre d'une perpétuelle campagne. Le résultat de cet effort n'est pas seulement un entraînement exceptionnel, il hausse les âmes avec les énergies, il fait battre plus ardemment dans des poitrines élargies des cœurs que la France considère comme son précieux rempart.

Au nom du gouvernement de la République, je salue les officiers dévoués qui ont formé ces soldats d'élite et je porte la santé de ces troupiers alpins, dont les joyeux bérets fleurissent à la hauteur des neiges éternelles.

www.ingramcontent.com/pod-product-compliance
Lightning Source LLC
Chambersburg PA
CBHW060457050426
42451CB00009B/699